Tartes & Tartelettes

Rezepte, Texte und Fotos von

Aurélie Bastian

südwest

Bonjour et voilà: les Tartes et Tartelettes!

«Ich erinnere mich an Kindheitstage, wenn Grand-mère und Maman die Sonntagstarte vorbereiteten. Es wurde immer ein bisschen Teig „abgeschmeckt" und heimlich von den Äpfeln oder Beeren genascht! Diese Tradition ist geblieben. Heute nascht mein Sohn zu gern vom rohen Teig und von der Creme! Ein Muss für alle Kinder.»

Tartes waren in meiner Kindheit das Lieblingsdessert zum Sonntagsessen und das kleine Extra, wenn wir in der Stadt beim Konditor waren. Ob klassisch oder außergewöhnlich, ob Apfeltarte oder mit Aprikose-Rosmarin, es war für jeden etwas dabei und alle wollten am liebsten ein Stück von jeder Sorte probieren.

Die Tarte ist in Frankreich ein Klassiker als Kuchen und als Nachspeise. Es gibt fast in jeder Familie ein spezielles Rezept für Maman's Tarte aux pommes. Auch mein Rezept für die Apfeltarte habe ich von meiner Maman und meiner Grand-Mère. Es war auch das erste Rezept, das ich 2009 auf meinem Blog gepostet hatte. Es hat sich inzwischen kaum verändert: Ich habe meine Technik verbessert, aber geschmacklich bleibt es die perfekte Kombination von Crème fraîche, Äpfeln und Vanille.

Bis vor kurzem fand man auch in den Konditoreien nur die klassischen Arten, also mit Apfel, Zitrone, Beeren und Schokolade. Doch seit ein paar Jahren toben sich die Konditoren aus und ermutigen damit auch alle „Zu-Hause-Bäcker", ihrer Fantasie freien Lauf zu lassen. So entstehen viele neue Tartes mit großem Geschmack.

Auch ich habe mich getraut, neue Tartes zu kreieren. Von Lavendel-Pfirsich-Tatins bis zu den Schokolade-Passionsfrucht-Tartelettes habe ich viel experimentiert. Doch ich glaube, dass man nie mit dem Thema fertig sein kann, da die Präsentation und die Geschmackskombinationen endlos sind. Ob man eine Erdbeertarte mit Vanille, gerösteten Mandeln, weißer Schokolade, Basilikum oder Pistazien zubereitet ... die Inspiration ist grenzenlos, fast wie mein Appetit auf alle diese Köstlichkeiten.

Ich habe mir dieses Buch als Sammlung meiner Basisrezepte gedacht, wo die Tipps eigentlich genau so wichtig sind wie die Rezepte. Alle Tartes und Tartelettes sind einfach erklärt, so dass jedes Kind sie mit seiner Maman nachbacken kann. Ich habe Ihnen die Tür zu meiner Kreativität geöffnet und hoffe, es ermutigt Sie, ein bisschen in Ihrer Küche zu testen und zu zaubern!

Ich wünschen Ihnen viel Spaß mit allen Experimenten und Geschmacksexplosionen, die Sie erschaffen werden.

Ihre Aurélie

Wenn Sie mehr über mich und meine Rezepte wissen möchten, besuchen Sie mich doch auf meinem Blog unter www.franzoesischkochen.de.

Was ist eine Tarte?

Sobald die Pflaumen reif sind (im Süden sagt man auch Zwetschgen), gibt es bei uns Pflaumentarte. Pflaumenkuchen mit Streusel ist mein deutscher Lieblingskuchen, aber ich finde, dass er viel zu viel Teig enthält und zu wenig Obst. Deshalb mache ich eine Tarte daraus – so habe ich ganz viel von der leckeren Füllung und der knusprige Boden gibt nur den notwendigen Halt und einen feinen Biss.

Übrigens sind Tartes und Tartelettes meistens süß. Bekommt der dünne Boden eine pikante Füllung, ist es eine Quiche.

Inhalt

In 6 Schritten zur perfekten Tarte

Das Wichtigste zuerst: Der Boden wird immer 2-mal gebacken: mit und ohne Hülsenfrüchte

1

Zubehör und Zutaten bereitstellen (siehe Seite 11)

2

Backpapier zuschneiden (siehe Seite 12)

3

Teig zubereiten, ausrollen und in die Form legen (siehe Seite 14/15)

4

Boden mit Backpapier und Hülsenfrüchten backen (siehe Seite 16)

5

Backpapier und Hülsenfrüchte entfernen und den Boden erneut backen

6

Füllung und Dekoration nach Rezept zubereiten und auf die Tarte geben.

Das brauchen Sie

Für die Herstellung des Bodens

Geräte

- Waage
- 1 große Schüssel
- 1 Nudelholz
- Tarte- und Tartelettebackformen (wenn Sie eine Silikonform verwenden, müssen Sie sie zur Stabilisierung auf einen Gitterrost stellen)
- Messer
- Gabel

Zum Zuschneiden des Backpapiers

- Backpapier
- Bleistift
- Schere

Zum Blindbacken

- getrocknete Hülsenfrüchte

Zutaten für den klassischen Boden

- Weizenmehl Type 405
- zimmerwarme Butter
- Zucker
- Ei, Größe M
- Vanille (nach Belieben)

Zutaten für die Füllung

- nach Rezept

Das Backpapier zuschneiden

Falten Sie das Backpapier entsprechend der Abbildungen 1–5.

1

2

3

4

5

6 Legen Sie das gefaltete Papier mittig auf den Boden der Form und zeichnen Sie den Rand des Bodens und den hochstehenden Rand ein. Geben Sie noch 2 bis 3 cm hochstehenden Rand dazu, denn zum besseren Entnehmen sollte der Papierrand über die Form hinausragen.

7 Schneiden Sie das überstehende Papier ab. Legen Sie den Boden auf das Papier und biegen Sie den Rand hoch. Legen Sie das so vorbereitete Backpapier zunächst zur Seite.

Basis-REZEPT

Aurélies klassischer Tarteboden

«Fond de Tarte à la Aurélie»

Sie benötigen

1 Tarteform mit 28 cm Durchmesser

Für den Boden

- *250 g Weizenmehl Type 405*
- *125 g zimmerwarme Butter*
- *60 g Zucker*
- *1 Ei, Größe M*
- *1 Messerspitze Vanillemark*

Zum Blindbacken

- *getrocknete Hülsenfrüchte*

Die Teigmenge ist reichlich bemessen, Sie werden bei den meisten Rezepten etwas übrig behalten – machen Sie einfach noch ein oder zwei Tartelettes daraus. Der Grund für diese Teigmenge ist das Ei, denn bei 250 g Mehl wird ein ganzes Ei eingesetzt – so wird der Teig am besten! Dieser Boden wird für viele Tartes und Tartelettes verwendet. Er ist sehr einfach in der Zubereitung und wird mit Vanille verfeinert. Statt Vanille sind auch Kakao, gemahlene Nüsse und Mandeln oder Zimt möglich.

1 Alle Zutaten in dieser Reihenfolge in eine große Schüssel geben.

2 Kneten Sie den Teig mit den Händen, bis er schön glatt und homogen ist.

3 Eine Handvoll Mehl auf die Arbeitsfläche streuen und verteilen. Die Teigkugel zuerst mit der Handfläche leicht flach drücken.

4 Den Teig dann mit dem Nudelholz nach oben und unten ausrollen, dann den Teig um eine viertel Drehung drehen.

5 Weiter so vorgehen, bis der Teig schön gleichmäßig kreisförmig

6 ... und etwa 3–5 mm dünn ist.

7 Die Backform einfetten und mit Mehl bestreuen.

8 Den Teig vorsichtig mit beiden Händen anheben, in der Form platzieren und schön hineindrücken.

9 Die Ränder mit einem Messer glatt abschneiden

10 ... und den Boden mit einer Gabel einstechen.

11 Den Teig mit dem Backpapier bedecken

12 ... und die Hülsenfrüchte hinein geben.

13 **Nun kommt das Wichtigste:** Den Teig im vorgeheizten Ofen 10 Minuten bei 180 °C mit Ober- und Unterhitze vorbacken. Dann die Hülsenfrüchte und das Backpapier entfernen und den Boden erneut 10 Minuten bei 180 °C backen.

Das Blindbacken eines Tarte- oder Tartelettebodens erfolgt also in zwei Durchgängen: Zuerst bedeckt mit Backpapier und Hülsenfrüchten, dann ohne. So erhalten Sie eine Tarte mit festem Rand und einem glatten Boden, der nicht so schnell durchweicht.

So füllen Sie die kleinen Tarteletteringe mit Teig

1 Den Bodengröße bestimmen Sie einfach durch Einstechen der Form in den Teig. Für die Höhe des Randes und die Länge des Umfangs nehmen Sie das Randteil. Haben Sie keinen herausnehmbaren Boden, messen Sie Höhe und Länge aus.

2 Geben Sie den Teig für den Boden und den Teigstreifen für den Rand in die Form,

3 ... drücken Sie den Rand an und schneiden Sie die überstehenden Reste ab

4 ... und schon ist das Förmchen bereit für das erste Blindbacken (aber nicht vergessen, den Boden noch mit der Gabel einzustechen).

1

3

2

4

Rosentarte

«Tarte à la rose»

Sie benötigen

1 Tarteform mit 28 cm Durchmesser

Für den Boden

- *250 g Weizenmehl Type 405*
- *125 g zimmerwarme Butter*
- *60 g Zucker*
- *1 Ei, Größe M*
- *1 Messerspitze Vanillemark*
- *Hülsenfrüchte zum Blindbacken*

Für die Rosencreme

- *350 ml Milch*
- *1 getrocknete Rosenknospe oder 4–5 frische Rosenblätter*
- *75 g Zucker*
- *5 Eigelb*
- *1,5 EL Speisestärke oder Mehl*

Für die Dekoration

- *Beeren, Obst, Rosen*

1. Alle Zutaten für den Teig in dieser Reihenfolge in eine große Schüssel geben und kneten, bis er schön glatt und homogen ist. Den Backofen auf 180 °C Ober- und Unterhitze vorheizen.
2. Den Teig auf der bemehlten Arbeitsfläche kreisförmig zu einer Dicke von 3–5 mm ausrollen und ihn vorsichtig in die gefettete und bemehlte Form legen. Den Rand glätten und den Boden mehrfach mit einer Gabel einstechen.
3. Das zugeschnittene Backpapier auf den Tarteboden legen und mit Hülsenfrüchten füllen. 10 Minuten backen, dann die Hülsenfrüchte und das Backpapier entfernen und weitere 10 Minuten backen.
4. Die Milch mit den unbehandelten Rosenblättern zum Kochen bringen und 5 Minuten ziehen lassen.
5. Die Eigelbe mit dem Zucker schlagen, bis die Masse weiß wird. Dann kommt die Speisestärke dazu und die Creme wird weitergeschlagen.
6. Die Rosenmilch durch ein Sieb passieren und dann auf die Eiermischung gießen. Das Ganze schön rühren, wieder in den Topf gießen und bei schwacher Hitze fleißig weiterschlagen, bis die Creme dickflüssig wird. Dann in den Tarteboden gießen. Mit Obst und ein paar Rosenblättern und -blüten dekorieren.

Für dieses Rezept können Sie gut Rosen aus Ihrem eigenen Garten nehmen, solange sie unbehandelt sind. Anstatt Rosen können Sie auch Lavendel- oder Holunderblüten verwenden.

Französische Apfeltarte

«Tarte aux pommes»

1 Alle Zutaten für den Teig in dieser Reihenfolge in eine große Schüssel geben und kneten, bis er schön glatt und homogen ist. Den Backofen auf 180 °C Ober- und Unterhitze vorheizen.

2 Den Teig auf der bemehlten Arbeitsfläche kreisförmig zu einer Dicke von 3–5 mm ausrollen und ihn vorsichtig in die gefettete und bemehlte Form legen (der Teig reicht für 2 Tartes – Sie können ihn einfrieren oder gleich noch eine weitere Tarte damit zubereiten). Den Rand glätten und den Boden mehrfach mit einer Gabel einstechen.

3 Das zugeschnittene Backpapier auf den Tarteboden legen und mit Hülsenfrüchten füllen. 10 Minuten backen, dann die Hülsenfrüchte und das Backpapier entfernen und weitere 10 Minuten backen.

4 Die Äpfel schälen und in dünne Scheiben schneiden. Für die Füllung Eier, Zucker und Vanillemark mit der Crème fraîche verrühren.

5 Die Creme in den Tarteboden gießen und die Apfelscheiben darin platzieren. Die Tarte 35 Minuten bei 180 °C mit Ober- und Unterhitze backen.

Ein fester Apfel ist hier besser geeignet, da er auch gebacken etwas Biss behält. Die Creme kann mit Zimt oder Schokoladenstückchen verfeinert werden.

Sie benötigen

1 Tarteform mit 24 cm Durchmesser

Für den Boden

- *250 g Weizenmehl Type 405*
- *125 g zimmerwarme Butter*
- *60 g Zucker*
- *1 Ei, Größe M*
- *1 Messerspitze Vanillemark*
- *Hülsenfrüchte zum Blindbacken*

Für die Füllung

- *3 feste, leicht säuerliche Äpfel, z. B. Pink Lady oder Braeburn*
- *2 Eier*
- *3–4 EL Zucker*
- *1 Messerspitze Vanillemark*
- *250 g Crème fraîche*

Erdbeer-Pistazien-Tarte

«Tarte fraise et pistache»

Sie benötigen

1 quadratische Form, 23 x 23 cm,
1 Saint-Honoré-Tülle

Für den Boden

- *160 g Mehl Typ 550*
- *130 g Salzbutter*
- *100 g Zucker*
- *2 Eigelbe*
- *½ TL Backpulver*

Für die Pistaziencreme

- *150 g frische Schlagsahne (mindestens 30 % Fett)*
- *70 g Mascarpone*
- *30 g Pistazienpaste (Bio-Supermarkt oder Internethandel)*
- *40 g Puderzucker*

Für den Belag

- *300 g Erdbeeren*
- *50 g gehackte Pistazien*

1 Alle Zutaten für den Teig in eine große Schüssel geben und zu einem glatten, homogenen Teig kneten, auf der bemehlten Arbeitsfläche dick ausrollen und den Teig in die quadratische Tarteform legen. Dann 1 Stunde im Kühlschrank ruhen lassen.

2 Den Tarteboden für 25 bis 30 Minuten backen. Anschließend aus der Form nehmen und abkühlen lassen.

3 Den Mascarpone, die Pistazienpaste und den Puderzucker in eine große Schüssel geben. Dazu 3 EL frische Sahne geben und mit einem Schneebesen homogen und cremig schlagen. Wenn es keine Klumpen mehr gibt, kann die restliche Sahne dazu gegeben werden. Jetzt das Ganze steifschlagen, bis es fest genug ist, um mit einem Spritzbeutel verarbeitet zu werden.

4 Die Creme in einem Spritzbeutel mit einem Saint-Honoré-Tülle oder ein große Sterntülle geben um schöne Motive auf der Tarte zu formen. Nach und nach werden die Erdbeeren darauf platziert. Dann nur noch mit ein bisschen Pistazien bestreuen, et voilà!

Ich benutze hier auch gerne eine „Saint-Honoré"-Tülle, weil sie schöne große Muster formt. Für den Tarteboden können Sie auch ein paar frische Erdbeeren pürieren und mit etwas Zucker köcheln. Diese Marmelade wird dann auf den Tarteboden gepinselt und die Erdbeeren darauf platziert. Dieser Boden ist ein bretonischer Mürbeteig. Er enthält viel Zucker, der beim Backen karamellisiert und dem Boden einen köstlichen Karamellgeschmack und einen knackigen Biss verleiht.

Mandel-Birnen-Tarte

«Tarte Bourdaloue aux poires»

Sie benötigen

1 Tarteform, 24 cm Durchmesser

Für den Boden

- *250 g Weizenmehl Type 405*
- *125 g zimmerwarme Butter*
- *60 g Zucker*
- *1 Ei, Größe M*
- *1 Messerspitze Vanillemark*
- *Hülsenfrüchte zum Blindbacken*

Für die Füllung

- *1 Vanilleschote*
- *3 große feste Birnen, z. B. Williams*
- *Wasser*
- *150 g Zucker*
- *Mandelcreme (siehe unten)*

Für die Mandelcreme

- *100 g weiche Butter*
- *100 g Zucker*
- *100 g gemahlene Mandeln*
- *2 Eier*

1. Alle Zutaten für den Teig in dieser Reihenfolge in eine große Schüssel geben und kneten, bis er schön glatt und homogen ist. Den Backofen auf 180 °C Ober- und Unterhitze vorheizen.
2. Den Teig auf der bemehlten Arbeitsfläche kreisförmig zu einer Dicke von 3–5 mm ausrollen und ihn vorsichtig in die gefettete und bemehlte Form legen (der Teig reicht für 2 Tartes – Sie können ihn einfrieren oder gleich noch eine weitere Tarte damit zubereiten). Den Rand glätten und den Boden mehrfach mit einer Gabel einstechen.
3. Das zugeschnittene Backpapier auf den Tarteboden legen und mit Hülsenfrüchten füllen. 10 Minuten backen, dann die Hülsenfrüchte und das Backpapier entfernen und weitere 10 Minuten backen.
4. Die Vanilleschote aufschlitzen und das Mark herauskratzen. Die Birnen schälen und bedeckt von einem Sirup aus Wasser, Zucker, Vanillemark und -schote 20 Minuten köcheln lassen. Den Backofen auf 180 °C Umluft vorheizen.
5. Für die Mandelcreme Butter, Zucker, Mandeln und Eier cremig schlagen. Die Creme in den Tarteboden gießen.
6. Die geköchelten Birnen halbieren, fächerförmig aufschneiden und auf der Mandelcreme platzieren. Das Ganze 45 Minuten backen.

Die Birnen können statt in Sirup auch in einem süßen Muscat mit einer Messerspitze Vanille köcheln. Diese Tarte ist ein sehr schönes Herbstrezept, das auch sehr gut einen kleinen Schuss Williams Brand vertragen kann. Nehmen Sie möglichst keine weichen Birnen, da diese beim Kochen zerfallen würden.

Nachmittags um 4 Uhr – das ist in Frankreich die typische Zeit für einen Kaffee und ein leckeres Stück Tarte.

Blaubeertartelettes

«Tartelettes aux myrtilles»

Sie benötigen

4 Tarteletteförmchen, 8 cm Durchmesser

Für den Boden

- *200 g Mehl Type 405*
- *20 g Zucker*
- *100 g Butter*
- *1 Prise Salz*
- *75 g Milch*
- *Hülsenfrüchte zum Blindbacken*

Für die Mandelcreme

- *100 g Zucker*
- *100 g gemahlene Mandeln*
- *100 g Butter*
- *2 Eier*
- *Blaubeeren*

1 Das Mehl mit Zucker, Butter und Salz mischen. Dann nach und nach die Milch zugießen und den Teig kneten, bis er glatt und schön homogen ist. Dann muss er für 1 Stunde im Kühlschrank ruhen. Den Backofen auf 180 °C Ober- und Unterhitze vorheizen.

2 Den Teig dünn ausrollen, vorsichtig in die gefetteten und bemehlten Förmchen drücken, die Ränder glatt abschneiden, den Boden mit der Gabel mehrfach einstechen. Das zugeschnittene Backpapier auf den Teig legen, die Hülsenfrüchte darauf geben und 10 Minuten blind backen. Dann Backpapier und Hülsenfrüchte entfernen und den Teig erneut 10 Minuten blind backen.

3 Für die Creme Zucker, Mandeln, Butter und Eier gut miteinander vermischen. Diese Creme in die kleinen vorgebackenen Tartelettes gießen, mit einer Handvoll Blaubeeren abschließen (oder die Blaubeeren erst nach dem Backen auf den Kuchen geben) und 20 Minuten bei 175 °C backen.

4 Am Ende nur noch mit ein bisschen Puderzucker bestreuen und genießen.

Sie können die Tartelettes auch nur mit der Mandelcreme backen und darauf die Blaubeeren platzieren. Dieser Boden ist eine Alternative für Menschen, die auf Eier verzichten wollen. Er ist eifrei und kann natürlich auch für andere Füllungen genommen werden.

Schokoladentartelettes

«Tartelettes au chocolat»

1 Alle Zutaten für den Teig in dieser Reihenfolge in eine große Schüssel geben und kneten, bis er schön glatt und homogen ist. Den Backofen auf 180 °C Ober- und Unterhitze vorheizen.

2 Den Teig auf der bemehlten Arbeitsfläche kreisförmig zu einer Dicke von 3–5 mm ausrollen und ihn vorsichtig in die gefetteten und bemehlten Förmchen legen. Den Rand glätten und den Boden mehrfach mit einer Gabel einstechen.

3 Das zugeschnittene Backpapier auf den Tarteboden legen und mit Hülsenfrüchten füllen. 10 Minuten backen, dann die Hülsenfrüchte und das Backpapier entfernen und weitere 10 Minuten backen.

4 Für die Creme die Schokolade mit Sahne und Vanillemark in einer Schüssel in einem Wasserbad unter kräftigem Rühren schmelzen. Die Creme noch warm in die Tartelettes gießen und im Kühlschrank abkühlen lassen. Die fertigen Tartelettes nach Belieben verzieren.

Sie können die Creme mit 2 EL Krokant, 1 TL löslichem Kaffee oder 2 EL Kokosraspeln in Kombination mit ein bisschen Karamell oder mit Orangen-Zesten aufpeppen. Die Sahne kann verfeinert werden, indem Sie sie mit 1 EL frischer Pfefferminze oder Rosenknospen köcheln lassen und durch ein Sieb passieren.

Sie benötigen

8 Tartelettförmchen, 8 cm Durchmesser oder 24-26 Mini-Tartelettes

Für den Boden

- *250 g Weizenmehl Type 405*
- *125 g zimmerwarme Butter*
- *60 g Zucker*
- *1 Ei, Größe M*
- *1 Messerspitze Vanillemark*
- *3 EL Kakao oder 2 EL Kakaonibs oder 2 EL Schokoladenstückchen*
- *Hülsenfrüchte zum Blindbacken*

Für die Creme

- *100 g Zartbitterschokolade, in kleinen Stücken*
- *100 ml frische Schlagsahne*
- *1 Messerspitze Vanillemark*

Für die Dekoration

- *gehackte Pistazien*
- *Piment d'Espelette*
- *Obst*

Walnusstartelettes «Périgord»

«Tartelettes aux noix du Périgord»

Sie benötigen

8 Tartelletteförmchen, 8 cm Durchmesser

Für den Boden

- *250 g Weizenmehl Type 405*
- *125 g zimmerwarme Butter*
- *60 g Zucker*
- *1 Ei, Größe M*
- *1 Messerspitze Vanillemark*
- *Hülsenfrüchte zum Blindbacken*

Für die Füllung

- *400 g frische Schlagsahne*
- *400 g Zucker*
- *200 g Butter*
- *300 g halbierte Walnüsse oder Haselnüsse*
- *1 Prise Fleur de Sel (Meersalz)*

1 Alle Zutaten für den Teig in dieser Reihenfolge in eine große Schüssel geben und kneten, bis er schön glatt und homogen ist. Den Backofen auf 180 °C Ober- und Unterhitze vorheizen.

2 Den Teig auf der bemehlten Arbeitsfläche kreisförmig zu einer Dicke von 3–5 mm ausrollen und ihn vorsichtig in die gefetteten und bemehlten Förmchen legen. Den Rand glätten und den Boden mehrfach mit einer Gabel einstechen.

3 Das zugeschnittene Backpapier auf den Tarteboden legen und mit Hülsenfrüchten füllen. 10 Minuten backen, dann die Hülsenfrüchte und das Backpapier entfernen und weitere 10 Minuten backen.

4 Für die Karamellfüllung die Sahne erhitzen. Den Zucker in einer Pfanne bei schwacher Hitze zu goldenem Karamell schmelzen lassen, dabei nicht rühren, die Pfanne nur leicht schwenken. Dann die heiße Sahne vorsichtig unter Rühren in das Karamell gießen – es besteht Spritzgefahr!

5 Die Butter wird in kleinen Stückchen eingerührt, bis ein cremiges Karamell entsteht. Danach das Meersalz einrühren, dann die Walnüsse. Das Sahne-Walnuss-Karamell in die Tartelettes gießen und abkühlen lassen.

Sie können auch Kakao, Vanillemark oder sogar löslichen Kaffee in das Karamell geben, um es zu aromatisieren.

Rhabarbertarte

«Tarte à la rhubarbe»

Sie benötigen

1 Tarteform, 29 x 20 cm

Für den Boden

- *250 g Weizenmehl Type 405*
- *125 g zimmerwarme Butter*
- *60 g Zucker*
- *1 Ei, Größe M*
- *1 Messerspitze Vanillemark*
- *Hülsenfrüchte zum Blindbacken*

Für die Füllung

- *500 g Rhabarber*
- *150 g Zucker*
- *200 g Creme-Quark oder Crème fraîche*
- *2 Eier*

Für die Baiserhaube

- *1 Eiweiß*
- *70 g Zucker*

Für die Streusel

- *100 g Butter*
- *100 g Zucker*
- *200 g Mehl*
- *1 Messerspitze Vanillemark*

1. Alle Zutaten für den Teig in dieser Reihenfolge in eine große Schüssel geben und kneten, bis er schön glatt und homogen ist. Den Backofen auf 180 °C Ober- und Unterhitze vorheizen.
2. Den Teig auf der bemehlten Arbeitsfläche kreisförmig zu einer Dicke von 3–5 mm ausrollen und ihn vorsichtig in die gefettete und bemehlte Form legen. Den Rand glätten und den Boden mehrfach mit einer Gabel einstechen.
3. Das zugeschnittene Backpapier auf den Tarteboden legen und mit Hülsenfrüchten füllen. 10 Minuten backen, dann die Hülsenfrüchte und das Backpapier entfernen und weitere 10 Minuten backen.
4. Für die Füllung den Rhabarber schälen, in kleine Stückchen schneiden und mit 100 g Zucker bestreuen.
5. Die Quark-Creme mit den Eiern und dem restlichen Zucker verrühren. Den entstandenen Saft vom Rhabarber abgießen und die Rhabarberstückchen zur Creme geben.
6. Für das Baiser das Eiweiß schlagen. Wenn es anfängt weiß zu werden, kommt der Zucker dazu. Es wird weiter kräftig geschlagen, bis die Masse schön cremig und glänzend ist. Die Baisermasse in einen Spritzbeutel geben und die Tarte damit verzieren. (Wenn Sie die ganze Tarte mit der Baiserhaube machen, brauchen Sie die dreifache Menge und die Tarte kommt jetzt für 35 Minuten bei 180 °C Ober- und Unterhitze in den Backofen.)

7 Für die Streusel alle Zutaten mit den Fingerspitzen zusammenbröseln, um grobe Krümel zu bekommen. Damit die Tarte bestreuen. (Wenn Sie die ganze Tarte mit Streuseln machen wollen, brauchen Sie die dreifache Menge und die Tarte kommt jetzt für 35 Minuten bei 190 °C in den Ofen.)

8 Meine Tarte auf dem Bild habe ich 30 Minuten bei 180 °C Umluft gebacken, dann noch 5 Minuten bei 190 °C Ober- und Unterhitze, um das Baiser und die Streusel zu karamellisieren.

Sie können den Creme-Quark auch durch Griechischen Jogurt oder, falls Sie ein bisschen auf Ihre Linie aufpassen, leichten Naturjoghurt austauschen. In die Streusel können Sie auch noch gehackte Haselnüsse, Mandeln oder Schokolade einkneten.

Salzbutter-Karamell-Minis

«Tartelettes Caramel au beurre salé»

Sie benötigen

Mini-Tartelettes Backform 35 x 35 mm

Für den Boden

- *250 g Weizenmehl Type 405*
- *125 g zimmerwarme Butter*
- *60 g Zucker*
- *1 Ei, Größe M*
- *1 Messerspitze Vanillemark*
- *Hülsenfrüchte zum Blindbacken*

Für die Creme

- *200 g Zucker*
- *100 g Butter*
- *1 Prise Fleur de Sel (Meersalz)*
- *100 g Schlagsahne*

Für die Ganache

- *50 g Sahne*
- *50 g Schokolade, in kleinen Stückchen*
- *1 Messerspitze Vanille*

1 Alle Zutaten für den Teig in dieser Reihenfolge in eine große Schüssel geben und kneten, bis er schön glatt und homogen ist. Den Backofen auf 180 °C Ober- und Unterhitze vorheizen.

2 Den Teig auf der bemehlten Arbeitsfläche kreisförmig zu einer Dicke von 3–5 mm ausrollen und ihn vorsichtig in die gefetteten und bemehlten Förmchen legen (der Teig reicht für die doppelte Menge – Sie können ihn einfrieren oder gleich noch eine Tarte damit zubereiten). Den Rand glätten und den Boden mehrfach mit einer Gabel einstechen.

3 Das zugeschnittene Backpapier auf den Tarteboden legen und mit Hülsenfrüchten füllen. 10 Minuten backen, dann die Hülsenfrüchte und das Backpapier entfernen und weitere 10 Minuten backen.

4 Für die Creme den Zucker in einer Pfanne bei schwacher Hitze zu hell-goldenem Karamell schmelzen lassen, dabei nicht rühren, nur die Pfanne leicht schwenken.

5 Die Butter wird in kleinen Stückchen eingerührt, bis ein cremiges Karamell entsteht. Danach das Meersalz einrühren.

6 Die Sahne erwärmen, aber nicht kochen, und heiß vorsichtig und unter Rühren in das Karamell gießen – es besteht Spritzgefahr! Die Creme dann noch 2 Minuten köcheln lassen.

7 Für die Ganache Sahne, Schokolade und Vanille in einer Schüssel in einem Wasserbad unter kräftigem Rühren schmelzen lassen.

8 Die Tartelettes zur Hälfte mit Karamell und dann bis zum Rand mit der Ganache füllen. Dann mindestens 30 Minuten abkühlen lassen, so dass beide Cremes fester werden.

Das Karamell darf nicht zu dunkel werden, sonst wird die Creme bitter schmecken. Sie können diese Tarte auch ohne die Ganache zubereiten. Dann kann das Karamell mit Rosmarin oder Blumen aromatisiert werden, oder mit ein bisschen Vanille oder Kakao. Dazu passen auch kleine Apfel- oder Nussstückchen.

In diesem Rezept wird das Baiser gekocht, so besteht keine Salmonellengefahr. Für ein einfaches, nicht erhitztes Baiser würde man 60 g Eiweiß und 150 g Zucker verschlagen, bis eine cremige Masse entstanden ist.

Zitronentarte mit Baiserhaube

«Tarte au citron meringuée»

1 Zutaten für den Teig in eine Schüssel geben und zusammenkneten. Den Teig auf der bemehlten Arbeitsfläche dünn ausrollen und in die Tarteform legen. Backofen auf 180 °C Ober- und Unterhitze vorheizen.

2 Den Tarteboden 25 bis 30 Minuten backen. Anschließend aus der Form nehmen und abkühlen lassen. (der Teig reicht für 2 Tartes – zum Einfrieren oder für Tarte).

3 Für die Zitronencreme Saft, Zucker und Butter in einem Topf erhitzen, bis die Butter geschmolzen ist und der Zucker sich gelöst hat. Den Topf vom Herd nehmen.

4 Die Speisestärke mit ein bisschen Zitronensaft verrühren.

5 Die Eier in einer größeren Schüssel schaumig schlagen, unter ständigem Rühren die heiße Saft-Butter-Mischung und die Speisestärke hinzugeben. Auf ganz schwacher Hitze immer fleißig rühren, bis die Masse dickflüssig ist. Das kann bis zu 10 Minuten dauern. Die Zitronencreme dann abkühlen lassen.

6 Für die Baiserhaube den Zucker mit dem Wasser erhitzen: Hier ist es wichtig, mit einem Zuckerthermometer zu arbeiten. Wenn die Lösung 110 °C erreicht, wird das Eiweiß langsam zu Schnee geschlagen. Wenn die Zuckerlösung exakt 118 °C erreicht hat, kommt sie unter Rühren in den Eischnee. Die Masse weitere 5 Minuten schlagen, bis sie schön cremig, glänzend und fest ist.

7 Den Boden mit den Zitronencreme füllen, dann den Baiser in einen Spritzbeutel mit einem Saint-Honoré-Tülle geben und nach Wunsch Motiven spritzen. Die Baiserhaube mit einem Flambiergerät oder im Backofen mit der Grillfunktion bräunen.

Sie benötigen

1 Tarteform von 20 bis 22 cm oder 6 Tartelettes mit 8 cm Durchmesser,

1 Saint-Honorée-Tülle

Für den Boden

- *250 g Weizenmehl Type 405*
- *125 g zimmerwarme Butter*
- *60 g Zucker*
- *1 Ei, Größe M*
- *1 Messerspitze Vanillemark*

Für die Creme

- *150 g Zitronensaft (ungefähr 3 Zitronen)*
- *150 g Zucker*
- *80 g Butter*
- *3 Eier*
- *1 EL Mehl Type 405*

Für die Baiserhaube

- *150 g Zucker*
- *35 g Wasser*
- *50 g Eiweiß*

Linzer Tarte mit Roter Grütze

«Tarte Rote Grütze façon Linzer»

Sie benötigen

1 Backform, 33 x 11 cm

Für den Boden

- *250 g Weizenmehl Type 405*
- *125 g zimmerwarme Butter*
- *60 g Zucker*
- *1 Ei, Größe M*
- *1 Messerspitze Vanillemark*
- *40 g gemahlene Mandeln*
- *Hülsenfrüchte zum Blindbacken*

Für die Füllung

- *300 g Beeren (Rote-Grütze-Früchte)*
- *50 g Zucker*
- *1 Messerspitze Vanillemark*

Für die Vanillesauce

- *25 g Zucker*
- *2 Eigelb*
- *Mark ½ Vanilleschote*
- *250 ml Milch*

1 Alle Zutaten für den Teig in dieser Reihenfolge in eine große Schüssel geben und kneten, bis er schön glatt und homogen ist. Den Backofen auf 180 °C Ober- und Unterhitze vorheizen.

2 Den Teig auf der bemehlten Arbeitsfläche zu einer Dicke von 3–5 mm ausrollen und ihn vorsichtig in die gefettete und bemehlte Form legen. Den Rand glätten und den Boden mehrfach mit einer Gabel einstechen.

3 Das zugeschnittene Backpapier auf den Tarteboden legen und mit Hülsenfrüchten füllen. 10 Minuten backen, dann die Hülsenfrüchte und das Backpapier entfernen und weitere 10 Minuten backen.

4 Das Obst mit dem Zucker und dem Vanillemark verrühren, kurz erhitzen, bis sich der Zucker gelöst hat, und in die Tarte gießen. Aus dem restlichen Teig Bänder schneiden und auf „Linzer Art" über die Füllung legen.

5 Die Tarte 20–25 Minuten im vorgeheizten Backofen bei 180 °C Ober- und Unterhitze backen.

6 Für die Sauce den Zucker mit dem Eigelb schlagen, bis die Masse weiß wird. Dann Vanille und Milch zugeben. Das Ganze in einem Topf erhitzen und fleißig weiterschlagen, bis die Masse leicht sämig wird. Sie sollte die Konsistenz einer Sauce bekommen.

Für die Füllung können Sie auch eine fertige Rote Grütze benutzen oder statt der roten Beeren auch eine Mischung aus Mango, Orange und Kiwi zubereiten.

Tarte Tatin „Pfirsich-Lavendel“

«Tarte Tatin pêche-lavande»

Sie benötigen

1 Tarte- (oder Tatin-)form, 20 cm Durchmesser

Für das Karamell

- *100 g Zucker*
- *Lavendelblüten*
- *40 g gesalzene Butter*

Für das Obst

- *ca. 5 Pfirsiche*

Für den Teig

- *100 g Mehl Type 405*
- *50 g weiche Butter*
- *30 g Zucker*
- *1 Ei*

1. Die Pfirsiche mit kochendem Wasser überbrühen, dann lässt sich die Haut besser abziehen, und halbieren.
2. Alle Zutaten für den Teig zu einem glatten Teig verkneten und 30 Minuten im Kühlschrank ruhen lassen.
3. Für das Karamell den Zucker in der Tatinform oder einer Pfanne auf dem Herd sanft schmelzen. Den Herd dafür auf kleine bis mittlere Hitze einstellen.
4. Wenn der Zucker geschmolzen ist, die Blüten zum Karamell geben und die Butter in kleinen Stücken einrühren, bis sich ein schönes, hell-goldenes Karamell gebildet hat. Die Tatinform vom Herd nehmen und die halbierten Pfirsiche hineinlegen, mit der Rundung nach unten. Den Backofen auf 180 °C Umluft vorheizen.
5. Den Teig ausrollen und die Pfirsiche damit bedecken. Den Rand schön nach innen drücken und den Teig mit einer Gabel einstechen. Die Tarte Tatin im vorgeheizten Backofen 20–25 Minuten backen.

Sie sollten das Karamell nicht zu sehr rühren (wie ich!), weil der Zucker sonst kleine Krümel bildet. (Aber sie gehen dann auch wieder weg, wenn man sie in Ruhe schmelzen lässt!). Diese Tarte Tatin braucht nur 20 bis 25 Minuten Backzeit, beim Originalrezept mit Apfel ist es etwas länger.

Die Tarte Tatin ist eine falsch herum gebackene Tarte. Als Erstes kommt immer ein Karamell in die Backform, dann das Obst und das wird dann mit Teig überdeckt. Wenn sie fertig gebacken ist, wird die Tarte schnell auf eine Servierplatte gestürzt und serviert.

Tarte mit Vanillepudding

«Flan parisien»

1 Alle Zutaten für den Teig in dieser Reihenfolge in eine große Schüssel geben und kneten, bis er schön glatt und homogen ist. Den Backofen auf 180 °C Ober- und Unterhitze vorheizen.

2 Den Teig auf der bemehlten Arbeitsfläche zu einer Dicke von 3–5 mm ausrollen und ihn vorsichtig in die gefettete und bemehlte Form legen. Den Rand möglichst hoch ziehen (höher als bei anderen Tartes), den Boden mehrfach mit einer Gabel einstechen.

3 Das zugeschnittene Backpapier auf den Tarteboden legen und mit Hülsenfrüchten füllen. 10 Minuten backen, dann die Hülsenfrüchte und das Backpapier entfernen und weitere 10 Minuten backen.

4 Die Milch mit dem Vanillezucker (oder der Vanille) erhitzen.

5 Die Eier mit dem Zucker schlagen, die Speisestärke einrühren, dann die warme Vanillemilch auf die Eimasse gießen. Alles wieder in den Topf füllen und unter Rühren 5 Minuten bei schwacher Hitze dicker werden lassen. Den Herd auf 190–200 °C Ober- und Unterhitze stellen.

6 Die Creme in den Boden gießen und die Tarte 45 Minuten backen.

Sie benötigen

1 Tortenform, 22–24 cm Durchmesser

Für den Boden

- *250 g Weizenmehl Type 405*
- *125 g zimmerwarme Butter*
- *60 g Zucker*
- *1 Ei, Größe M*
- *1 Messerspitze Vanillemark*
- *40 g gemahlene Mandeln*
- *Hülsenfrüchte zum Blindbacken*

Für die Füllung

- *500 ml Milch*
- *2 Päckchen Vanillezucker (oder Mark ½ Vanilleschote)*
- *3 Eier*
- *160 g Zucker*
- *60 g Speisestärke*

Orangentartelettes

«Tartelettes à l'orange»

Sie benötigen

6 Tartelettesförmchen, 8 cm Durchmesser

Für den Boden

- 250 g Weizenmehl Type 405
- 125 g zimmerwarme Butter
- 60 g Zucker
- 1 Ei, Größe M
- 1 Messerspitze Vanillemark
- Hülsenfrüchte zum Blindbacken

Für die Mandelcreme

- 100 g Zucker
- 100 g gemahlene Mandeln
- 80 g weiche Butter
- 2 EL Grand Marnier (Orangenlikör)
- 2 Eier

Für die Orangecreme

- 100 ml frisch gepresster Orangensaft
- 20 g Zucker
- 40 g Butter
- 2 Eier

1 Alle Zutaten für den Teig in dieser Reihenfolge in eine große Schüssel geben und kneten, bis er schön glatt und homogen ist. Den Backofen auf 180 °C Ober- und Unterhitze vorheizen.

2 Den Teig auf der bemehlten Arbeitsfläche kreisförmig zu einer Dicke von 3–5 mm ausrollen und ihn vorsichtig in die gefetteten und bemehlten Förmchen legen (wenn Sie Teig übrig haben, können Sie ihn einfrieren oder noch ein paar Tartelettes zubereiten). Den Rand oben glätten und den Boden mehrfach mit einer Gabel einstechen.

3 Das zugeschnittene Backpapier auf den Tarteboden legen und mit Hülsenfrüchten füllen. 10 Minuten backen, dann die Hülsenfrüchte und das Backpapier entfernen und weitere 10 Minuten backen.

4 Für die Mandelcreme Zucker, Mandeln, Butter, Grand-Marnier und Eier gut miteinander verrühren. Diese Creme wird $^2/_3$ hoch in die Tartelettes gefüllt, dann 20 Minuten bei 175 °C Ober- und Unterhitze gebacken.

5 Für die Orangencreme Orangensaft, Zucker und Butter in einen Topf geben und erwärmen, bis die Butter geschmolzen und der Zucker gelöst ist. Die Eier schlagen und die heiße Saft-Butter-Mischung unter ständigem Rühren zu den Eiern gießen. Die Masse wieder in den Topf geben und bei schwacher Hitze fleißig weiterrühren, bis sie dickflüssig ist.

6 Wenn die Tartelettes abgekühlt sind, die Orangencreme auf die Mandelcreme gießen und abkühlen lassen. Sie können sie entweder so servieren oder die Tartelettes noch mit Orangenfilets oder kandierten Orangenscheiben dekorieren.

Der Grand Marnier ist ein Orangenlikör. Sie können ihn gut durch einen anderen Orangen- oder Zitronenlikör, zum Beispiel Limoncello ersetzen. Sie können statt des Likörs auch einfach Orangen-Zesten in die Mandelcreme hineinmischen. Diese Tarte können Sie auch gut mit Grapefruit oder Blutorange abwandeln.

Schokoladen-Kokos-Tartelettes

«Tartelettes chocolat-noix de coco»

Sie benötigen

6 Tartelettesförmchen, 8 x 8 cm

Für den Boden

- *250 g Weizenmehl Type 405*
- *30 g Zartbitterkakao als Option*
- *125 g zimmerwarme Butter*
- *60 g Zucker*
- *1 Ei, Größe M*
- *1 Messerspitze Vanillemark*
- *Hülsenfrüchte zum Blindbacken*

Für die Kokoscreme

- *1 Eiweiß*
- *30 Zucker*
- *40 g Kokosraspel*

Für die Ganache

- *75 g Schokolade*
- *75 g frische Schlagsahne*
- *1 Messerspitze Vanillemark*

1 Alle Zutaten für den Teig in dieser Reihenfolge in eine große Schüssel geben und kneten, bis er schön glatt und homogen ist. Den Backofen auf 180 °C Ober- und Unterhitze vorheizen.

2 Den Teig auf der bemehlten Arbeitsfläche kreisförmig zu einer Dicke von 3–5 mm ausrollen und ihn vorsichtig in die gefetteten und bemehlten Förmchen legen. Den Rand oben glätten und den Boden mehrfach mit einer Gabel einstechen.

3 Das zugeschnittene Backpapier auf den Tarteboden legen und mit Hülsenfrüchten füllen. 10 Minuten backen, dann die Hülsenfrüchte und das Backpapier entfernen und weitere 10 Minuten backen.

4 Das Eiweiß für die Kokoscreme mit einem Schneebesen zu Schnee schlagen, dann Zucker und Kokosraspel einrühren. Die Kokoscreme bis zur Hälfte in die Tartelettes füllen und 10 Minuten bei 170–175 °C Umluft backen, anschließend abkühlen lassen.

5 Die Schokolade mit der Sahne und dem Vanillemark in einer Schüssel im Wasserbad schmelzen und dann kräftig cremig rühren. Die Ganache auf die gebackene Kokoscreme gießen und 30 Minuten im Kühlschrank abkühlen lassen.

Sie können auch 30 g Kokosraspel in den Teig geben und die fertigen Tartelettes dekorativ mit Kokos bestreuen.

Bauerntarte

«Tarte rustique»

Sie benötigen

1 Backblech

Für den Boden

- *150 g Weizenmehl Type 405*
- *100 g Buchweizenmehl*
- *100 g Quark*
- *45 g Zucker*
- *3 EL Öl*
- *3 EL Milch*
- *1 TL Backpulver*

Für die Füllung

- *3–4 Pflaumen*
- *2–3 Pfirsiche*
- *3–4 Aprikosen*
- *100 g brauner Zucker*

1 Für den Teig alle Zutaten nach und nach vermischen und einen glatten, homogenen Teig daraus kneten.

2 Den Teig auf der bemehlten Arbeitsfläche zu einem dünnen Fladen von ca. 26 cm Durchmesser ausbreiten und auf das mit Backpapier belegte Backblech legen. Den Backofen auf 180 °C Ober- und Unterhitze vorheizen.

3 Das Obst entkernen und in 2 bis 3 cm dicke Scheiben schneiden. Auf dem Teig verteilen und mit dem braunen Zucker bestreuen. Anschließend im heißen Backofen 35 Minuten backen.

Ich nehme hier gerne den französischen Karamellzucker „Vergeoise". Sie können stattdessen auch braunen Zucker oder eine Mischung aus Spekulatiusgewürz und weißem Zucker ersetzen. Das Weizenmehl kann durch Dinkel- oder Roggenmehl ersetzt werden.

Kandierte Kastanien einfach selber machen: 5 gekochte Kastanien mit 100 g Zucker, 200 ml Wasser und etwas Vanille 1 Stunde köcheln lassen, bis fast kein Wasser mehr im Topf ist. Auf Alufolie trocknen lassen.

Tartelettes mit Kastaniencreme

«Tartelettes Mont Blanc»

1 Alle Zutaten für den Teig in dieser Reihenfolge in eine große Schüssel geben und kneten, bis er schön glatt und homogen ist. Den Backofen auf 180 °C Ober- und Unterhitze vorheizen.

2 Den Teig auf der bemehlten Arbeitsfläche kreisförmig zu einer Dicke von 3–5 mm ausrollen und ihn vorsichtig in die gefetteten und bemehlten Förmchen legen. Den Rand oben glätten und den Boden mehrfach mit einer Gabel einstechen.

3 Das zugeschnittene Backpapier auf den Tarteboden legen und mit Hülsenfrüchten füllen. 10 Minuten backen, dann die Hülsenfrüchte und das Backpapier entfernen und weitere 10 Minuten backen.

4 Für die Kastaniencreme die gekochten Kastanien fein mixen (bzw. mahlen) und mit Zucker, Wasser und Vanillemark 15 Minuten köcheln. Diese Creme in kleine Marmeladengläser geben und abkühlen lassen. Sie können diese Creme im Kühlschrank bis zu 3 Wochen aufbewahren und als Marmelade genießen oder Ihre Tartelettes damit verzieren.

5 Die Tarteletteböden mit Creme-Quark füllen, die Kastaniencreme darauf drapieren und mit kandierten Kastanien dekorieren.

Die Kastaniencreme können Sie auch fertig kaufen. Kastanienmehl finden Sie im Bioladen. Sie können als Alternative auch gekochte Kastanien fein mixen und in den Teig geben. Das Verhältnis zwischen Mehl und Kastanien bleibt dasselbe.

Sie benötigen

6 Tartelettesförmchen, 8 cm Durchmesser

Für den Boden

- *150 g Weizenmehl Type 405*
- *100 g Kastanienmehl (Bioladen)*
- *125 g Butter*
- *60 g Zucker*
- *1 Prise Salz*
- *1 Ei*

Für die Kastaniencreme

- *175 g gekochte Kastanien*
- *100 g Zucker*
- *80 ml Wasser*
- *1 Messerspitze Vanillemark*

Für die Füllung

- *150 g Creme-Quark oder Griechischer Jogurt*
- *250 g Kastaniencreme*
- *6 kandierte Kastanien (italienischer Lebensmittelladen)*

Beeren-Tarte mit Veilchen

«Tarte aux fruits rouges et violette»

Sie benötigen

1 Tarteform, 26 cm Durchmesser

Für den Biskuitboden

- *2 Eier*
- *60 g Zucker*
- *60 g Mehl Type 405*
- *1 TL Backpulver*
- *Vanillemark*

Für den Veilchensirup

- *2 EL Veilchensirup*
- *50 ml Wasser*

Für den Belag

- *200 ml frische kalte Schlagsahne*
- *10 g Zucker*
- *350 g Beeren*
- *evtl. Veilchenblüten*

1. Für den Biskuitboden die Eier trennen. Die Eiweiße zu Schnee schlagen, wenn die Masse anfängt weiß zu werden, den Zucker zugeben und weiterhin fleißig schlagen. Den Backofen auf 185 °C Umluft vorheizen.
2. Wenn das Eiweiß schön glänzt, werden nach und nach die Eigelbe eingerührt. Dann das Mehl, das Backpulver und das Vanillemark langsam unterrühren.
3. Der Teig wird in eine gefettete und bemehlte Tarteform gegeben und 12–15 Minuten gebacken. Dann den Boden abkühlen lassen und mit Veilchensirup und ein bisschen Wasser beträufeln.
4. Für den Belag die Sahne mit dem Zucker schlagen, bis sie steif ist. Den Tarteboden ganz nach Lust und Laune mit Beeren, Veilchenblüten und Sahne schmücken und sofort servieren.

Diese Tarte muss frisch serviert werden. Statt des Veilchensirups können Sie den Biskuitboden auch mit Rosen- oder Himbeerlikör aromatisieren.

Tartelettes mit gebrannten Mandeln

«Tartelettes aux Pralines Roses de Lyon»

1 Alle Zutaten für den Teig in dieser Reihenfolge in eine große Schüssel geben und kneten, bis er schön glatt und homogen ist. Den Backofen auf 180 °C Ober- und Unterhitze vorheizen.

2 Den Teig auf der bemehlten Arbeitsfläche kreisförmig zu einer Dicke von 3–5 mm ausrollen und ihn vorsichtig in die gefetteten und bemehlten Förmchen legen. Den Rand oben glätten und den Boden mehrfach mit einer Gabel einstechen.

3 Das zugeschnittene Backpapier auf den Tarteboden legen und mit Hülsenfrüchten füllen. 10 Minuten backen, dann die Hülsenfrüchte und das Backpapier entfernen und weitere 10 Minuten backen.

4 Die gebrannten Mandeln (oder Pralines Roses) und die Crème fraîche 15 Minuten erhitzen, bis sich der Zucker komplett von den Mandeln gelöst hat. Die Mischung dann kurz zum Kochen bringen und etwas abkühlen lassen.

5 Die Tartelettes damit füllen und ganz abkühlen lassen.

Wenn Sie statt der Pralines Roses de Lyon gebrannte Mandeln vom Jahrmarkt nehmen, ändert sich nicht der Geschmack, sondern nur die Farbe, denn die Pralinen sind rot gefärbt. Sie können Ihre Tartelettes natürlich auch nachträglich mit Lebensmittelfarbe färben.

Sie benötigen

8 Tartelletteförmchen, 8 cm Durchmesser

Für den Boden

- *250 g Mehl Type 405*
- *50 g Zucker*
- *125 g weiche Butter*
- *1 Ei*
- *40 gemahlene Mandeln*
- *1 Prise Salz*
- *1 Messerspitze Vanille*

Für die Füllung

- *350 g Pralines Roses de Lyon oder gebrannte Mandeln*
- *350 g Crème fraîche*

Aprikosen-Rosmarin-Tarte

«Tarte abricots-romarin»

Sie benötigen

1 Tarteform, 23 x 23 cm

Für den Boden

- *250 g Weizenmehl Type 405*
- *125 g zimmerwarme Butter*
- *60 g Zucker*
- *1 Ei, Größe M*
- *1 Messerspitze Vanillemark*
- *Hülsenfrüchte zum Blindbacken*

Für die Füllung

- *50 ml frische Schlagsahne*
- *2 EL Rosmarinnadeln*
- *200 g Griechischer Joghurt*
- *60 g Zucker*
- *2 Eier*
- *8 große Aprikosen*

1. Alle Zutaten für den Teig in dieser Reihenfolge in eine große Schüssel geben und kneten, bis er schön glatt und homogen ist. Den Backofen auf 180 °C Ober- und Unterhitze vorheizen.
2. Den Teig auf der bemehlten Arbeitsfläche kreisförmig zu einer Dicke von 3–5 mm ausrollen und ihn vorsichtig in die gefettete und bemehlte Form legen (wenn Sie Teig übrig haben, können Sie ihn einfrieren oder noch ein paar Tartelettes zubereiten). Den Rand glätten und den Boden mehrfach mit einer Gabel einstechen.
3. Das zugeschnittene Backpapier auf den Tarteboden legen und mit Hülsenfrüchten füllen. 10 Minuten backen, dann die Hülsenfrüchte und das Backpapier entfernen und weitere 10 Minuten backen.
4. Für die Füllung die Sahne mit dem Rosmarin kochen und dann 5 Minuten ziehen lassen, so dass der Geschmack intensiver wird. Dann die Sahne durch ein Sieb passieren und mit Joghurt, Zucker und Eiern verrühren.
5. Die Aprikosen halbieren. Die Rosmarincreme auf den Tarteboden gießen und die Aprikosen darauf platzieren. Jetzt die Tarte nur noch für 45 Minuten bei 180 °C Ober- und Unterhitze backen, abkühlen lassen und genießen.

Die Kombination von Kräutern und Steinobst ist sehr fein im Geschmack und bringt die süße Note des Obstes mehr zum Vorschein. So können Sie auch gut Salbei oder Lavendel mit Pfirsich oder Nektarine kombinieren.

Cheesecake-Tarte

«Tarte au fromage blanc façon Cheesecake»

Sie benötigen

1 Tortenform, 22 cm Durchmesser

Für den Boden

- *16 bretonische Galettes oder Butterkekse*
- *30 g geschmolzene Butter*

Für die Füllung

- *400 g Creme-Quark*
- *150 g Quark*
- *150 g Zucker*
- *Saft 1 Zitrone*
- *2 Eier*
- *50 g Mehl*

Für die Sauce

- *250 g Brombeeren*
- *50 g Puderzucker*

1. Die Kekse in einen Gefrierbeutel geben, diesen gut verschließen und die Kekse mit dem Nudelholz (oder den Händen) zerbröseln, dann in einer Schüssel mit der Butter gut vermischen. Die Masse auf dem Tarteboden verteilen und festdrücken, abkühlen lassen. Den Backofen auf 160 °C Umluft vorheizen.
2. Creme-Quark, Quark, Zucker, Zitronensaft, Eier und Mehl zusammenrühren und in die Form gießen. Die Tarte 45 Minuten backen und anschließend abkühlen lassen.
3. Die Brombeeren mit dem Puderzucker mischen, kurz kochen, fein pürieren und die Tarte damit schön verzieren.

Diese Tarte ist meine Version des berühmten amerikanischen Cheesecakes, wobei die Konsistenz etwas anders ist, da ich leichten Creme-Quark verwende und keinen kalorienreichen Frischkäse oder Mascarpone. Sie schmeckt aber genauso cremig!

Passionsfrucht-Schokoladen-Tartelettes

«Tartelettes fruit de la passion et chocolat»

Sie benötigen

8 Tartelettefórmchen, 8 cm Durchmesser,
1 Petit-fours-Tülle

Für den Boden

- *250 g Weizenmehl Type 405*
- *2 EL Zartbitter Kakao*
- *125 g zimmerwarme Butter*
- *60 g Zucker*
- *2 EL Zartbitter Kakao*
- *1 Ei, Größe M*
- *1 Messerspitze Vanillemark*
- *Hülsenfrüchte zum Blindbacken*

Für die Creme

- *100 ml Passionsfrucht-Saft*
- *25 g Zucker, 25 g Butter*
- *1 EL Speisestärke*
- *2 Eier*

Für die Ganache

- *100 g Zartbitterschokolade*
- *100 ml frische Schlagsahne*

1. Alle Zutaten für den Teig in dieser Reihenfolge in eine große Schüssel geben und kneten, bis er schön glatt und homogen ist. Den Backofen auf 180 °C Ober- und Unterhitze vorheizen.
2. Den Teig auf der bemehlten Arbeitsfläche kreisförmig zu einer Dicke von 3–5 mm ausrollen und ihn vorsichtig in die gefetteten und bemehlten Förmchen legen. Den Rand glätten und den Boden mehrfach mit einer Gabel einstechen.
3. Das zugeschnittene Backpapier auf den Tarteboden legen und mit Hülsenfrüchten füllen. 10 Minuten backen, dann die Hülsenfrüchte und das Backpapier entfernen und weitere 10 Minuten backen.
4. Für die Creme den Saft mit Zucker und Butter erhitzen, bis die Butter geschmolzen ist und der Zucker sich gelöst hat. 2 EL warmen Saft nehmen und die Speisestärke damit verrühren.
5. Die Eier schlagen und den warmen Saft darauf gießen, dabei immer weiter schlagen. Dann die verrührte Speisestärke dazu geben. Das Ganze wieder leicht erhitzen und fleißig schlagen, bis die Masse dickflüssig ist. Die Creme kalt stellen.
6. Die Schokolade mit der Sahne in einer Schüssel im Wasserbad schmelzen und kräftig verrühren. Die Creme noch warm in die Tartelettes gießen und 10 Minuten abkühlen lassen. Dann die Fruchtcreme darauf gießen und nach Belieben Muster bilden. Die abgekühlte Schokolade Ganache, kann auch, mit Hilfe eine Petit-four-Tülle, schön auf die Tartelettes spritzen.

Der Geschmack der Passionsfrucht harmoniert auch wunderbar mit Vollmilchschokolade: Nehmen Sie dann für die Ganache 100 g Schokolade, 40 ml Sahne und 1 Messerspitze Vanillemark.

Pflaumentarte mit Streusel

«Tarte crumble aux prunes»

1 Alle Zutaten für den Teig in dieser Reihenfolge in eine große Schüssel geben und kneten, bis er schön glatt und homogen ist. Den Backofen auf 180 °C Ober- und Unterhitze vorheizen.

2 Den Teig auf der bemehlten Arbeitsfläche kreisförmig zu einer Dicke von 3–5 mm ausrollen und ihn vorsichtig in die gefettete und bemehlte Form legen (wenn Sie Teig übrig haben, können Sie ihn einfrieren oder noch ein paar Tartelettes zubereiten). Den Rand glätten und den Boden mehrfach mit einer Gabel einstechen.

3 Das zugeschnittene Backpapier auf den Tarteboden legen und mit Hülsenfrüchten füllen. 10 Minuten backen, dann die Hülsenfrüchte und das Backpapier entfernen und weitere 10 Minuten backen.

4 Die Pflaumen entsteinen und vierteln. Für die Streusel Mehl, Zucker und Butter grob zusammenkneten. Den Backofen auf 190–195 °C Ober- und Unterhitze stellen.

5 Die Obststückchen auf der Tarte platzieren, die Streusel darüber zerbröseln und die Tarte jetzt 35 Minuten backen.

Sie können auch noch 30 g gehobelte Mandeln oder 30 g Rosinen in die Streusel geben.

Sie benötigen

1 Tarteform, 23 x 23 cm

Für den Boden

- *250 g Weizenmehl Type 405*
- *125 g zimmerwarme Butter*
- *60 g Zucker*
- *1 Ei, Größe M*
- *1 Messerspitze Vanillemark*
- *Hülsenfrüchte zum Blindbacken*

Für den Belag

- *800 g Pflaumen (Zwetschgen) mit Stein*
- *100 g Mehl*
- *50 g Zucker*
- *50 g Butter*

Himbeer-Mango-Tartelettes

«Tartelettes crémeuses framboises-mangue»

Sie benötigen

8 Tarteletteförmchen,
8 cm Durchmesser

Für den Boden

- *250 g Weizenmehl Type 405*
- *125 g zimmerwarme Butter*
- *60 g Zucker*
- *1 Ei, Größe M*
- *1 Messerspitze Vanillemark*
- *30 g Kokosraspel*
- *Hülsenfrüchte zum Blindbacken*

Für das Mango-Herz

- *700 g Mangofruchtfleisch*
- *175 g Zucker*
- *2 TL Agar-Agar*

Für das Himbeermus

- *550 g gefrorene Himbeeren*
- *175 g Zucker*
- *2 TL Agar-Agar*

1 Alle Zutaten für den Teig in dieser Reihenfolge in eine große Schüssel geben und kneten, bis er schön glatt und homogen ist. Den Backofen auf 180 °C Ober- und Unterhitze vorheizen.

2 Den Teig auf der bemehlten Arbeitsfläche kreisförmig zu einer Dicke von 3–5 mm ausrollen und ihn vorsichtig in die gefetteten und bemehlten Förmchen legen. Den Rand glätten und den Boden mehrfach mit einer Gabel einstechen.

3 Das zugeschnittene Backpapier auf den Tarteboden legen und mit Hülsenfrüchten füllen. 10 Minuten backen, dann die Hülsenfrüchte und das Backpapier entfernen und weitere 10 Minuten backen.

4 Das Mangofruchtfleisch in kleine Stückchen schneiden. 400 g abwiegen, pürieren und durch ein Sieb drücken. 225 g von diesem Püree abnehmen, mit dem Zucker verrühren und bei mittlerer Einstellung 5 Minuten erhitzen, dann das Agar-Agar zugeben und 2 Minuten unter Rühren weiter erwärmen. Den Topf vom Herd nehmen und die Mangostückchen in die heiße Creme geben.

5 Die Creme ca. 4 cm hoch auf Gläschen verteilen, die kleiner sind als die Tartelettesförmchen. Anschließend im Kühlschrank 30 Minuten fest werden lassen.

6 Die Himbeeren auftauen und erhitzen. Heiß durch ein Sieb zerdrücken, um ein schönes kernloses Himbeerpüree zu bekommen. Das Püree mit Zucker 5 Minuten bei mittlerer Hitze

rühren, bis sich der Zucker gelöst hat. Dann Agar-Agar zugeben und unter Rühren weitere 2 Minuten erwärmen. Das heiße Himbeermousse in die Tartelettes gießen und abkühlen lassen.

7 Wenn das Himbeermus etwas fester ist, kann man die Mangocreme aus den Gläsern herausnehmen. Dafür einfach mit einem glatten Messer die Creme vom Rand lösen und das Glas umdrehen. Diese Mangokreise kommen jetzt auf unser Himbeermus. Sie können sie noch mit ein bisschen Kokosraspeln bestreuen.

Statt Kokos können Sie auch 40 g gemahlene Mandeln in den Boden tun. Diese fruchtigen Tartelettes schmecken auch mit Kiwi und Ananas oder Rhabarber und Erdbeeren. Lassen Sie Ihrer Fantasie freien Lauf.

Kaffeetarte

«Tarte au café»

Sie benötigen

1 Tartering,
22 cm Durchmesser,
eine Lochtülle (15 bis 20 mm)

Für den Boden

- *250 g Weizenmehl Type 405*
- *125 g zimmerwarme Butter*
- *60 g Zucker*
- *1 Ei, Größe M*
- *1 Messerspitze Vanillemark*
- *50 g gemahlene Haselnüsse*
- *Hülsenfrüchte zum Blindbacken*

Für die Ganache

- *100 g Zartbitterschokolade*
- *100 g frische Sahne*
- *3 EL Krokant*

Für die Kaffeesahne

- *10 Löffelbiskuits*
- *1 Tasse Kaffee*
- *300 ml frische Schlagsahne*
- *2 TL lösliches Kaffeepulver*
- *30 g Puderzucker*

1. Alle Zutaten für den Teig in dieser Reihenfolge in eine große Schüssel geben und kneten, bis er schön glatt und homogen ist. Den Backofen auf 180 °C Ober- und Unterhitze vorheizen.
2. Den Teig auf der bemehlten Arbeitsfläche kreisförmig zu einer Dicke von 3–5 mm ausrollen und ihn vorsichtig in die gefettete und bemehlte Form legen (der Teig reicht für 2 Tartes – Sie können ihn einfrieren oder gleich noch eine weitere Tarte damit zubereiten). Den Rand oben glätten und den Boden mehrfach mit einer Gabel einstechen.
3. Das zugeschnittene Backpapier auf den Tarteboden legen und mit Hülsenfrüchten füllen. 10 Minuten backen, dann die Hülsenfrüchte und das Backpapier entfernen und weitere 10 Minuten backen.
4. Für die Ganache die Schokolade in kleine Stückchen brechen, die Sahne zugeben und in einem Wasserbad unter Rühren schmelzen. Den Krokant dazugeben und schön rühren. Die warme Ganache in den Tarteboden gießen.
5. Die Löffelbiskuits in Kaffee tauchen und auf der Ganache platzieren. Danach die Tarte kurz abkühlen lassen.
6. Kaffeepulver und Puderzucker in der Sahne lösen, das Ganze mit einem Handrührgerät steif schlagen. Die Kaffeesahne in einen Spritzbeutel mit großer Lochtülle (20 mm) geben und die Tarte schön verzieren. Wer mag, dekoriert mit Haselnüssen, Mokkabohnen und Kakao.

Selbstverständlich können Sie zum löslichen Kaffee noch einen kleinen Schuss Amaretto geben.

Meine Tipps

Welche Tarteformen sind gut geeignet?

Es gibt Backformen mit einer Antihaftbeschichtung, Formen aus Silikon, Aluminium und Keramik. Alle sind gut geeignet. Achten Sie darauf, Ihre Aluminium- und Keramikformen einzufetten und mit Mehl zu bestäuben oder Backpapier zu benutzen. Silikonformen sollten Sie vorher auf ein Gitter stellen, damit man sie gut in und aus dem Backofen bekommen kann.

Was kann ich nehmen, wenn ich keine Tarteform habe?

Sie können sehr gut Backpapier in eine Auflaufform geben, Ihren Teig hineingeben und einen Rand formen. Dann wird genauso verfahren wie bei einer Tarteform.

Welches Mehl eignet sich am besten?

Es handelt sich bei Tartes um Kuchen und in diesem Sinne sollten man schon Weizenmehl Type 405 benutzen. Bei dem Bretonischen Boden (beim Rezept von Seite 24) kann man aber auch die Type 550 nehmen.

Kann ich Weizenmehl durch Dinkelmehl ersetzen?

Ich empfehle, nur ein Teil des Weizenmehls zu ersetzen, z.B. $^1/_3$ Weizenmehl und $^2/_3$ Dinkelmehl. Falls Sie es wegen einer Nahrungsunverträglichkeit ersetzen müssen, empfehle ich Ihnen, $^1/_3$ Reismehl und $^2/_3$ Dinkelmehl zu nehmen.

Soll die Butter für den Teig geschmolzen sein?

NEIN! Die Butter muss Zimmertemperatur haben. Und auch auf keinem Fall kalt sein. Sie wird sich sonst nicht bearbeiten und auch nicht richtig mit dem Mehl und dem Zucker mischen lassen. Die Konsistenz des Teigs wird dann zu trocken sein. Wenn Sie geschmolzene Butter nehmen, dann wird Ihr Teig sehr schwierig beim Ausrollen sein und nach dem Backen sehr hart und brüchig.

Kann ich Margarine statt Butter verwenden?

Ja, Sie müssen aber darauf achten, ob sie backfähig ist! Sonst verliert der Teig beim Backen an Textur.

Kann ich den Zucker durch Traubenzucker oder Süßstoff ersetzen?

Ja, Sie können ihn ersetzen und die passende Menge eingeben. Ich würde es Ihnen aber beim Bretonischen Teig abraten, da er karamellisieren muss (bei der Erdbeer-Pistazien-Tarte).

Kann ich auch Puderzucker statt Kristallzucker verwenden?

Ich empfehle Kristallzucker, da er dem Teig eine gute Konsistenz gibt. Mit Puderzucker wird der Teig härter.

Welche Eier kann ich benutzen?

Nehmen Sie möglichst frische Bio-Eier der Größe M (L geht auch noch). Bei zu geringer oder zu hoher Eimenge wird der Teig krümelig oder klebrig.

Kann ich Haselnuss oder Kokosnuss statt Mandeln in den Teig geben?

Bei Haselnuss und Kokosnuss ist es kein Problem. Einfach die gleiche Menge nehmen. Bei Pistazien müssen Sie ein bisschen weniger verwenden (30 g für 250 g Mehl), da sie mehr Fett enthalten.

Wo soll ich meinen Teig ausrollen?

Sie können Ihren Teig direkt auf einer Arbeitsplatte in der Küche ausrollen. Sie brauchen aber dafür ein bisschen Mehl. Sie können ihn aber auch genauso gut direkt auf Backpapier ausrollen.

Wie dick soll der Teig sein?

Ich würde es lieber umformulieren: Wie dünn muss er sein? Der Teig sollte eigentlich 3 bis 5 Millimeter hoch sein. Das ist ziemlich dünn. Aber selbstverständlich können Sie ihn auch etwas dicker machen.

Wie verhindere ich, dass mein Teig bricht, wenn ich ihn in die Form lege?

Sie können Ihren Teig direkt auf Backpapier ausrollen, dann das Backpapier über die Tarteform ziehen und den Teig hineingleiten lassen. Sie können den Teig aber auch leicht über den Teigroller wickeln, so über die Form bringen und ihn dann in die Form ausrollen lassen.

Womit kann ich den Teig noch aromatisieren?

Neben Vanille gibt es für alle Teige viele Möglichkeiten, zum Beispiel Tonkabohnen (ein bisschen davon abraspeln), Kakao (2 EL), Zimt (½ TL), Zitronenschale (1 TL), Sternanis (½ TL), Lebkuchen- oder Spekulatiusgewürze (½ TL), Marzipan (20 g), gemahlene Haselnüsse (40 g) oder Pistazien (30 g).

Wie muss ich den Backofen einstellen?

In der Regel liegt die Temperatur zwischen 180 und 200 °C (bei Gas Stufe 6 oder 7), egal, ob Sie blind backen oder die gefüllte Tarte im Ofen haben. Der Boden wird immer mit Ober- und Unterhitze blind gebacken. Wenn der Boden gefüllt ist, kann er entweder mit Ober- und Unterhitze oder mit Umluft gebacken werden.

Muss ich meinen Backofen vorheizen?

Ja, immer! Der Backofen muss immer vorgeheizt werden. Wenn Sie den Boden in einen nicht vorgeheizten Backofen geben, wird der Teig schmelzen und zusammensinken. Außerdem gelten dann auch die Backzeiten nicht mehr. Die Backzeit fängt an, wenn die Backtemperatur erreicht ist.

Ist es normal, dass mein Teig beim Backen schrumpft?

Alle Teige werden beim Backen ein paar Millimeter kleiner. Der Teig trocknet und verliert an Feuchtigkeit.

Wie kann ich verhindern, dass Tartes mit feuchter Füllung durchweichen?

Sie können Tarteböden „dicht streichen". Nehmen Sie dafür geschmolzene Schokolade – weiße, Bitter- oder Milchschokolade. Die Böden werden damit dicht und vertragen auch flüssigere Füllungen besser.

Wie kann ich meine Tarte vorbereiten?

Der bereits geknetete Teig kann bis zu zwei Tage im Kühlschrank aufbewahrt werden, bevor man ihn ausrollt und bäckt. Auch den gebackenen Boden können Sie aufbewahren: In einer Schachtel (aber nicht in einer luftdichten Dose) hält er bis zu zehn Tage.

Wie lange sind die Tartes haltbar?

Alle Obsttartes sind im Kühlschrank drei Tage haltbar. Die Schokoladentartes können bis zu 5 Tage im Kühlschrank aufbewahrt werden.

Kann ich meine Tarte oder den Tarteboden einfrieren?

Sie können den bereits gebackenen Boden sowie Schokoladentartes einfrieren. Ich würde Ihnen davon abraten, Obsttartes einzufrieren.

Was kann ich tun, um meine Obsttarte frisch zu halten?

Sie können Ihr Obst mit erwärmter Aprikosenkonfitüre bestreichen.

Große Formen - kleine Formen

Wie verändern sich die Zutatenmengen?

Form und Größe	Mehl	Butter	Zucker	Ei
Tarte				
Runde Tarteformen				
28 cm	250 g	125 g	60 g	60 g
26 cm	160 g	80 g	40 g	40 g
24 cm	125 g	60 g	30 g	30 g
20 cm	100 g	50 g	25 g	25 g
Eckige Tarteformen				
29 x 20 cm	185 g	93 g	45 g	45 g
23 x 23 cm	160 g	80 g	40 g	40 g
35 x 11 cm	125 g	60 g	30 g	30 g
Tartelette				
Runde (8 cm Durchmesser) oder quadratische (10 x 10 cm) Formen				
für 4 Formen	140 g	70 g	35 g	35 g
für 6 Formen	210 g	105 g	52 g	52 g
für 8 Formen	250 g	125 g	60 g	60 g

1 Ei der Größe M wiegt ca. 60 g: Wenn Sie weniger oder mehr Ei benötigen, quirlen Sie das Ei oder die Eier und wiegen dann die benötigte Menge ab.

Wie verändert sich die Backzeit?

Blind gebacken wird immer 10 Minuten mit Hülsenfrüchten und 10 Minuten ohne bei 180 °C. Nur die Backdauer mit Füllung ist von der Größe der Form abhängig:

Tarteletteformen	6-8-10-12 cm	20 Minuten bei 180-190 °C
Kleine Tarteformen	16-18-20 cm	30 bis 35 Minuten bei 180-190 °C
Große Tarteformen	22-24-26 cm	40 bis 45 Minuten bei 180-190 °C

Rezeptverzeichnis

Alphabetisches Rezeptverzeichnis

ISBN 978-3-517-10262-7

1. Auflage 2023

Umschlaggestaltung: Atelier Versen, Bad Aibling
Innenlayout: Katharina Schweissguth, Visuelle Kommunikation, München
Fotos: Aurélie Bastian, Salzatal
Bildredaktion: Tanja Zielezniak
Herstellung: Elke Cramer
Projektleitung: Anja Halveland

Satz: trans texas publishing services GmbH, Köln
Reproduktion: Regg Media GmbH, München
Druck und Verarbeitung: Firmengruppe APPL, Wemding

Printed in Germany

MIX
Papier | Fördert gute Waldnutzung
FSC® C004592

Penguin Random House Verlagsgruppe FSC® N001967

So backen Sie perfekte Macarons!

80 Seiten
ISBN 978-3-517-10089-0

Macarons sind kleine Köstlichkeiten aus Frankreich. Sie sind bunt, weich, cremig, lecker, in einem Wort: verführerisch! Aber leider sind sie sehr sensibel. Das war eine Herausforderung für die in Deutschland lebende Französin Aurélie Bastian. Sie wollte perfekte Macarons, die immer gelingen! Ihr ist es wichtig, dass nichts kompliziert ist – aber das Ergebnis muss hervorragend sein.

Viel Spaß beim Backen und bon „macaronnage"!